Sybille Rogaczewski-Nogai

Frida & Fussel werkeln mit Wolle

Tolle Sachen flechten, wickeln, knoten

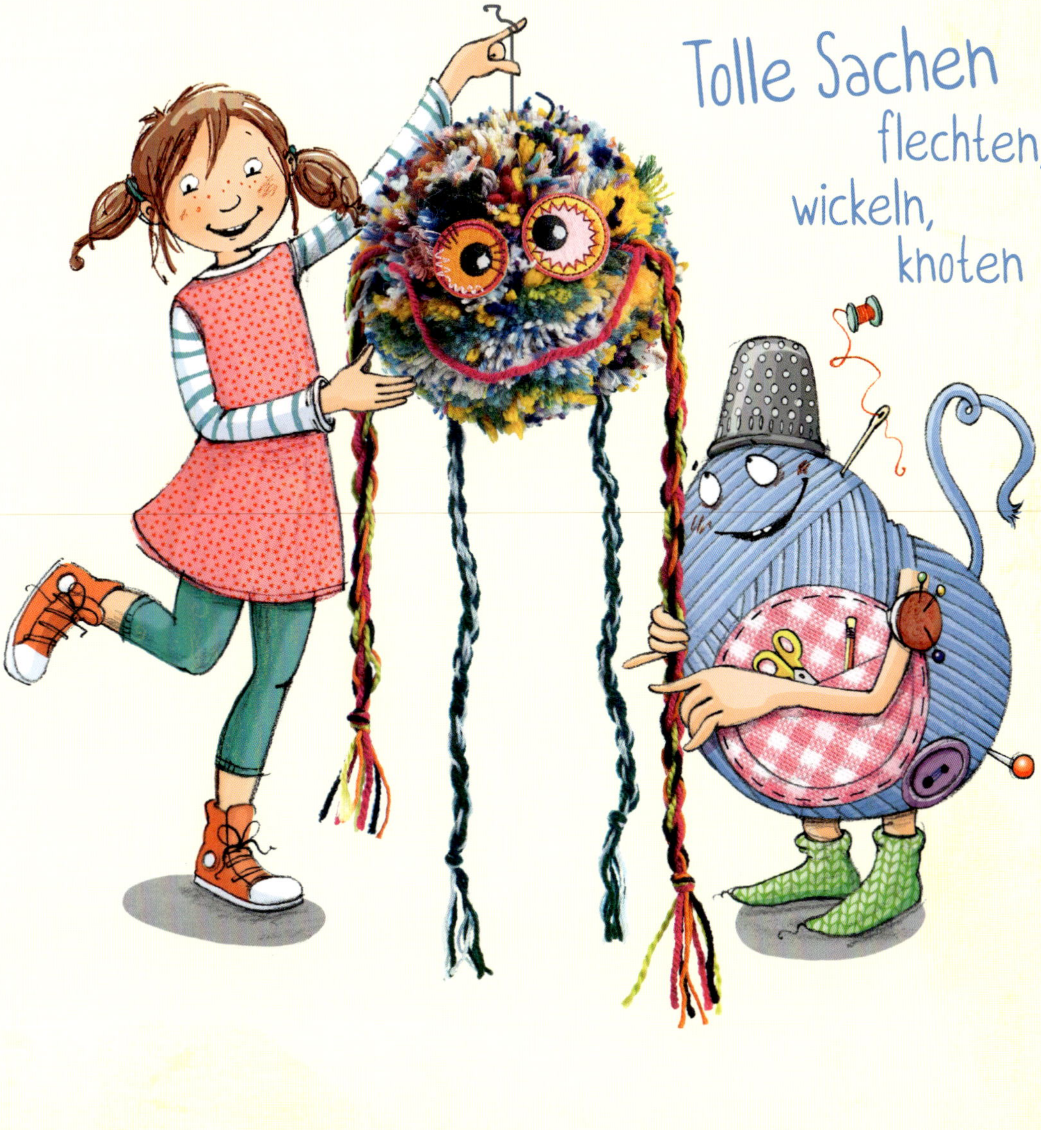

CV

Faden für Faden, ein wolliger Spaß!

Ein Kätzchen ist glücklich, wenn es mit einem Wollknäuel spielen kann. Genauso begeistert wirst du sein, wenn du entdeckst, wie viele tolle Sachen du mit Wollfäden machen kannst und auf wie viele unterschiedliche Arten du damit basteln kannst.

In diesem Buch zeige ich dir, wie du Wolle wickeln und schneiden, knoten und drehen, flechten und vernähen kannst. Mit ein paar ganz einfachen Zutaten kannst du schnell Tiere und Monster machen. Du kannst Anhänger, Armbänder, Türschilder, Bilder und Becher herstellen. Alles wird bunt und lustig, mit kugeligen Augen und frechem Grinsen. Auf vielen Bildern siehst du, was du brauchst und wie du es anstellen musst, damit am Ende ganz sicher ein neues Lieblingsstück entsteht. Schau gleich in Mamas oder Omas Wollrestekiste und sichere dir die schönsten Fäden!

Viel Spaß!

Deine

Sybille Rogaczewski-Nogai

Inhalt

Wickeln
- **6** Super-Becher
- **10** Schatz-Igel

Schneiden und kleben
- **14** Sommerwiese

Pompons und Kordeln
- **18** Kuschelschildkröte
- **22** Lass das Monster hüpfen!

Knoten
- **26** Willkommen in meinem Reich!
- **30** Taschenwächter

Sticken
- **34** Mach dich schick

Flechten
- **38** Fensterhänger
- **42** Fröhliche Zopfmädchen

Wickeln

Super-Becher

Dieser Stiftebecher ist ein tolles Geschenk für einen Freund. Du kannst Stifte hineintun oder Spielfiguren oder Plätzchen oder Schokolade oder Nüsse oder …

Das brauchst du:

- Blumentopf, ca. 15 cm
- Garnreste
- Stoffaugen, ca. 2 cm Durchmesser
- Filzreste
- Filzstift in Schwarz
- Bastelkleber
- Schere

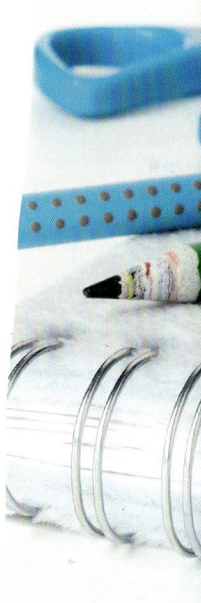

Wickeln

So geht's:

1 Gib etwas Kleber auf die Mitte des Topfes und wickle einen Faden rundherum, sodass er in jeder Runde durch den Kleber läuft.

2 Mach es genauso mit dem unteren Teil des Topfes.

6 Lege dieses Filzstück auf das andere und schneide das Pfötchen aus. Pass dabei aber auf, dass du die beiden Filzstücke gut festhältst, damit nichts verrutscht.

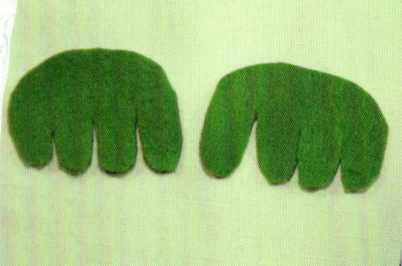

7 Nun hast du zwei gleiche Pfötchen.

8 Klebe Augen und Pfötchen auf den Topf.

3 Nun ist das obere Teil dran.

4 Am Ende zeichnest du mit dem Kleber auf zwei Seiten des Topfes noch mal je eine Spur von oben nach unten, damit die Fäden sich nicht mehr lösen. Dann lass alles trocknen.

5 Du brauchst jetzt zwei Filzstücke, jedes so groß wie eine Streichholzschachtel. Zeichne mit dem Filzstift ein Vierfingerpfötchen auf ein Filzstück.

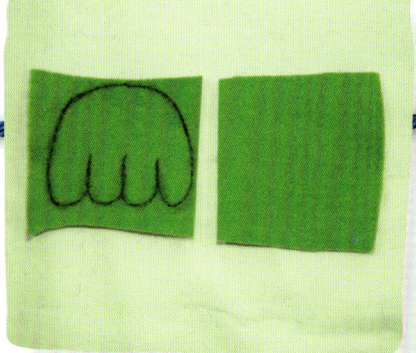

Fussel kugelt auf dem Boden herum und kichert: „Ich hab mich selber eingewickelt, hihi!". „Du wolltest doch den Topf einwickeln, aber du siehst lustig aus!" lacht Frida und umwickelt schon mal einen Becher.

Wickeln

Schatz-Igel

Mit so einem süßen Igel lässt es sich nicht nur gut spielen, darin kannst du auch klitzekleine Schätze aufbewahren, zum Beispiel ein paar Münzen, Knöpfchen, Perlen oder ein Geheimschriftpapier.

Das brauchst du:

- Streichholzschachtel
- Tonkartonrest in Rot, Gelb oder Hellgrün
- Filzstift in Schwarz
- Wollrest in Orange, Rot oder Schwarz
- Holzperle in Schwarz, 5 mm Durchmesser
- Bastelfarbe in Rot, Grün oder Braun
- Pinsel
- Bastelkleber
- Schere

Wickeln

So geht's:

1 Schiebe die Streichholzschachtel auseinander und male beide Teile rot an. Lass die Farbe gut trocknen.

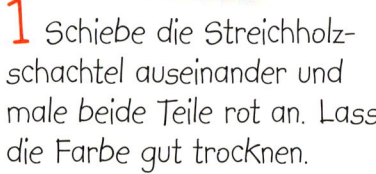

2 Klebe auf die äußere Schachtel quer einen Faden.

3 Umwickle die Schachtel dick mit dem Wollrest.

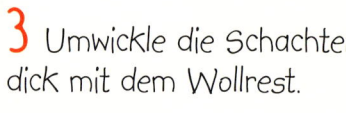

4 Binde das Gewickelte mit dem ersten Faden zusammen, das sind die Igelstacheln.

5 Schneide das Gewickelte auf der Rückseite auseinander.

8 Schiebe die Schachteln nun wieder ineinander und zeichne auf die Außenschachtel mit dem Filzstift zwischen die Wollstacheln zwei Äuglein.

7 Klebe den Streifen auf die Rückseite der Innenschachtel und die Perle auf eine der Spitzen.

6 Schneide aus dem Tonkartonrest einen Streifen, der ein wenig länger ist als die Streichholzschachtel, und schneide die Ecken ab.

Frida und Fussel bestaunen den kleinen Igel: „Da hinein kommen meine Schatzsteine, dann muss ich sie nie mehr suchen", sagt Frida. Fussel flüstert: „Der kleine Igel ist mein Freund und versteckt für mich meine Lieblingsstecknadeln."

Schneiden und kleben

Sommerwiese

So ein schönes Bild gelingt dir bestimmt ganz leicht – und immer wenn du es anschaust, bekommst du sofort gute Laune.

Das brauchst du:

- Tonpapier in Hellblau, DIN A4
- Wollreste in Grün, Blautönen, Gelb und Pink
- Bastelkleber
- Schere

Schneiden und kleben

So geht's:

1 Wickle verschiedene grüne Fäden um die Klebertube und schneide sie an einer Stelle auseinander.

2 Ziehe mit dem Kleber am unteren Rand des Tonpapiers quer einige Spuren. Drücke die grünen Fäden darauf, aber nicht ganz gerade.

3 Schneide noch einige lange grüne Fäden, dazu wickelst du die Wolle längs um den Kleber und schneidest den Strang dann zweimal durch.

4 Klebe diese langen Fäden einzeln zwischen die kurzen.

5 Schneide die überstehenden Fadenenden am unteren Bildrand ab.

6 Wickle einen farbigen Faden um deinen Finger, schiebe ihn ab und klebe das „Knäulchen" als Blüte auf.

7 Bastele auf diese Weise viele, bunte Blüten für dein Wiesenbild.

Frida und Fussel kleben emsig Sommerblumen aus Wollfäden auf. „Da brauch ich ganz viel Kleber, damit auf meinem Bild extra viele Blumen blühen", sagt Fussel. „Pass auf, dass du dich nicht selber festklebst!" ruft Frida und lacht.

Pompons und Kordeln

Kuschelschildkröte

Du kannst sicher sofort mit dem Basteln anfangen, denn bestimmt ist bei dir zu Hause jederzeit alles vorhanden, was du für diese niedliche, kuschelige Schildkröte brauchst.

Das brauchst du:

- Pappe, DIN A4 (zum Beispiel ein Zeichenblockrücken)
- Bleistift
- Untertasse und Deckel von einem Marmeladenglas
- Wollreste
- Plastikkapsel aus einem Überraschungsei
- Allesmarker
- Plastikdeckel (zum Beispiel von einem Tetrapack oder einer Saftflasche)
- Bastelkleber
- Stopfnadel
- Schere

Pompons und Kordeln

So geht's:

1 Lege die Untertasse so auf die Pappe, dass sie noch ein zweites Mal danebenpasst, und umfahre sie mit dem Bleistift. Dann legst du sie noch mal daneben auf und zeichnest noch einmal mit dem Bleistift drumherum.

2 Lege den Deckel in die Mitte der Kreise und umfahre auch diesen mit dem Bleistift.

6 Wickle so lange, bis in der Mitte das Loch fast zu ist. Wenn das Loch ziemlich klein ist, kannst du eine Stopfnadel zu Hilfe nehmen, in die du den Faden einfädelst.

7 Schneide die Fäden an der Außenkante des Ringes auf, bis die Ränder der Pappringe herausschauen.

8 Zerreiße die Pappringe und nimm sie heraus. Lege einen doppelten Faden rundherum in den Doppelring und binde die Enden fest zusammen.

9 Klebe eine Kapselhälfte als Kopf an und vier Plastikdeckel als Beine. Male mit dem Allesmarker ein Gesicht auf.

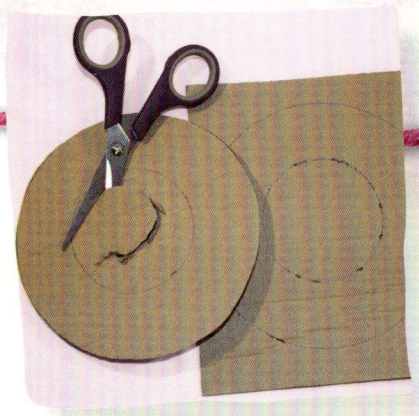

3 Schneide die großen Kreise aus.

4 Schneide auch die inneren Kreise aus, so erhältst du zwei Ringe.

5 Lege die Ringe aufeinander und umwickle sie rundum mit Wollfäden, die du drei- oder vierfach nehmen kannst. Dazu ziehst du sie immer wieder durch das Loch in der Mitte. Sind die Fäden zu Ende gewickelt, wickle die Enden mit den neuen Fäden fest oder verknote neue und alte Fäden miteinander.

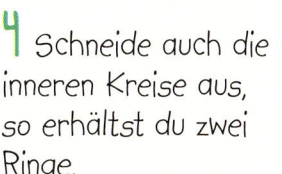

Frida und Fussel ruhen sich ein bisschen aus. Das Pompon-Wickeln war ganz schön anstrengend. „Jetzt können wir zu dritt kuscheln!", freuen sich die beiden.

Pompons und Kordeln

Lass das Monster hüpfen!

Dein kleines buntes Hüpfmonster hängt an einer Gummischnur, deshalb kann es prima auf und ab springen. Nimm es mit und zeig es deinen Freunden, es passt gut in die Anoraktasche!

Das brauchst du:

- Pappe, DIN A4 (zum Beispiel ein Zeichenblockrücken)
- Bleistift
- Untertasse und Deckel von einem Marmeladenglas
- Wollreste
- Stoffaugen, 12–15 mm Durchmesser
- Gummischnur, ca. 80 cm lang
- Bastelkleber
- Stopfnadel
- Schere

Pompons und Kordeln

So geht's:

1 Schneide drei oder vier Fäden ab, die so lang sind, wie dein Tisch breit ist.

5 Schneide zwei Pappringe zu und wickle einen Pompon wie bei der Schildkröte auf Seite 20 und 21 (Bild 1 bis 8) beschrieben.

2 Knote die Enden der Fäden zusammen.

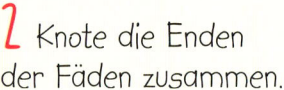

3 Hänge ein Ende des Fadenstranges an einen Fenstergriff oder eine Türklinke. Drehe das andere Ende immer in die gleiche Richtung, dabei müssen die Fäden gespannt sein. Wenn sie fest gedreht sind, fädelst du den Griff einer Schere auf die Fäden. Lass die Schere bis zur Mitte rutschen, hänge die Fäden vom Griff ab, lege beide Fadenstrangenden aufeinander und lass die Schere drehen.

4 Wenn die Schere ausgedreht hat, schneide sie mit einer zweiten Schere ab und verknote beide Kordelenden. Drehe genauso noch eine zweite Kordel.

6 Die Fadenenden vom Zusammenbinden des Pompons bindest du als Schlaufe zusammen. Knote die Gummischnur daran fest.

7 Steck die Mittelteile der Kordeln so in den Pompon, dass sie als Arme und Beine herunterhängen, und klebe sie fest.

8 Klebe die Augen und ein Stück Faden als Mund auf.

Frida springt begeistert wie ein Floh durchs Zimmer: „Lass uns um die Wette hüpfen! Wer kann höher?" Fussel macht natürlich gleich mit: „Haha, ich gewinne!"

Knoten

Willkommen in meinem Reich!

Das ist ein ganz freundlicher Löwe, er zeigt auf dem Schild,
dass du dort wohnst, aber er bewacht dich auch.

Das brauchst du:

- Pappteller
- Bastelfarbe in Orange
- Wollreste in Braun oder Schwarz
- 2 Knöpfe in Weiß, 2 cm Durchmesser
- 1 Knopf in Schwarz, 2 cm Durchmesser
- 2 Knöpfe in Schwarz, 1 cm Durchmesser
- Pappkartonrest, ca. 8 x 12 cm
- Filzstift in Schwarz
- Pinsel
- Lochzange
- Schere

Knoten

So geht's:

1 Male den Pappteller orange an. Lass die Farbe gut trocknen.

2 Zeichne mit dem Filzstift Punkte auf den Tellerrand und lass dabei immer einen Fingerbreit Abstand zwischen den Punkten.

3 Knipse mit der Lochzange in jeden Punkt ein Loch.

4 Wickle die Wolle um die Klebstofftube und schneide den Strang auseinander. So erhältst du viele Fäden in der gleichen Länge.

5 Knote die Fäden in die Löcher.

6 Klebe die Knöpfe als Augen und Nase auf.

7 Klebe Mund und Schnurrhaare auf.

8 Schreibe deinen Namen auf das Schild, knipse mit der Lochzange zwei Löcher von oben hinein und hänge es mit einem längeren Faden an den Löwenkopf.

„Der Löwe hat ganz schön viele Haare! Den schenk ich Opa, der hat keine mehr." Frida wuschelt dem Löwen die Mähne durcheinander. Fussel ist beleidigt: „Ich will auch so viele Haare haben und aussehen wie ein wilder Löwe!"

Knoten

Taschenwächter

Dieses Männchen aus Holzperlen lässt sich überall anhängen!
Du kannst es auch für deine Freundin oder deinen Freund basteln.
Vielleicht möchte es deine Oma auch gern an ihren Schlüssel hängen,
damit sie ihn in der Handtasche schnell findet.

Das brauchst du:

- Vorhangring aus Holz
- Backpapier
- 7 dicke Holzperlen mit großer Bohrung
- Wollreste
- 2 Wackelaugen, 7 mm Durchmesser
- Bastelkleber
- Schere

Knoten

So geht's:

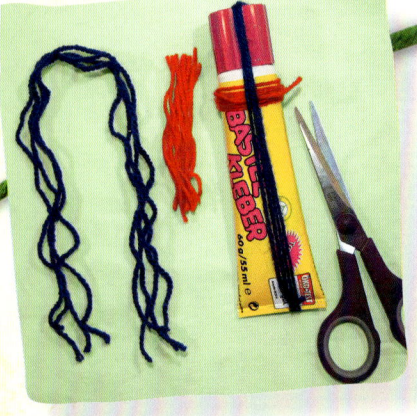

1 Wickle einen Wollfaden der Länge nach viermal um die Klebertube und schneide die Fäden an einer Stelle durch. Einen zweiten Wollfaden wickelst du achtmal quer um die Tube und schneidest die Fäden ebenfalls durch.

2 Knote die vier langen Fäden so an den Ring, dass acht gleich lange Fäden herunterhängen.

5 Fädle auf zwei der Doppelfäden drei Perlen, mach dann einen Doppelknoten und klebe diesen Knoten an der untersten Perle fest.

6 Fädle auf alle vier Doppelfadenenden je eine Perle, mach jeweils einen Doppelknoten darunter und klebe die Knoten an den Perlen fest.

7 Klebe die Wackelaugen zwischen die Haare und einen Wollfaden als Mund auf die untere Hälfte des Rings.

3 Lege den Ring mit den Fäden so auf das Backpapier, dass immer zwei Fadenenden beieinanderliegen. Gib auf die Fadenenden je einen Tropfen Kleber und streiche diesen mit dem Finger so auf, dass immer zwei Fadenenden eng zusammenkleben. Nun lass es trocknen. Wasch deine Hände.

4 Knote die kurzen Fäden einzeln als Haare an den Ring. Einen längeren Faden knotest du als Aufhänger dazwischen.

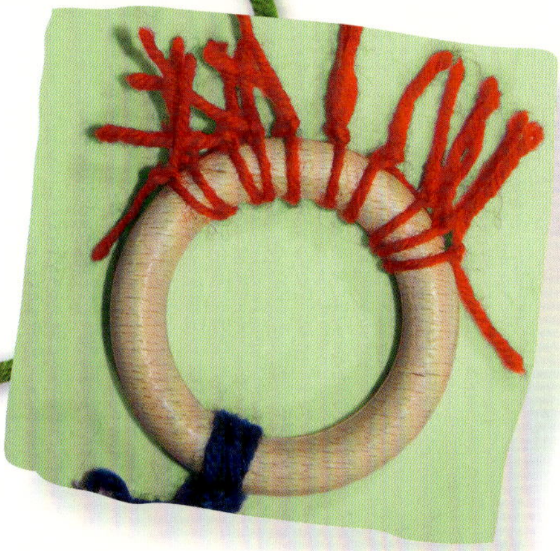

Frida schaut zufrieden in den Spiegel: „Das wird mein Taschenwächter!"
„... und mein Schlafwächter ...", nuschelt Fussel müde.

Sticken

Mach dich schick

Bestimmt gefällt dir so ein tolles Armband aus Moosgummi, egal ob du ein Mädchen oder ein Junge bist. Es ist weich und sitzt gut am Handgelenk und stört nicht beim Spielen und Toben.

Das brauchst du:

- 1 Moosgummistreifen (Er sollte nur knapp um dein Handgelenk passen, denn du bindest das Armband mit den Fäden zusammen.)
- Filzstift in Schwarz
- Lineal
- Baumwollfäden
- Klebefilm
- Holzperlen, 3–6 mm Durchmesser
- Lochzange
- Schere

Sticken

So geht's:

1 Zeichne mit dem Filzstift Punkte auf den Moosgummistreifen, frei Hand oder mithilfe des Lineals. Achte darauf, dass die Punkte einen Fingerbreit Abstand zueinander haben. Stanze durch jeden Punkt ein Loch.

2 Schneide einen Faden in Länge deines Arms ab und klebe um ein Ende ganz stramm ein Stückchen Klebefilm.

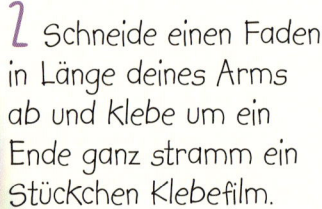

4 Fädle den Faden mit der Klebefilmspitze voran durch die Löcher des Streifens und knote ihn am Ende wieder fest.

3 Knote das andere Ende an einem Ende des Moosgummistreifens fest.

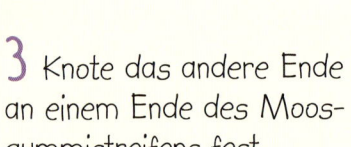

5 Wenn du möchtest, kannst du das mit einem zweiten Faden in einer anderen Farbe noch einmal machen.

6 Wenn der Faden aus einem Loch auftaucht, kannst du eine Perle auffädeln und dann weiternähen.

Frida und Fussel wühlen in bunten Moosgummistücken und farbigen Wollknäulen. Frida jauchzt: „Wie schön! Ich mach mir ganz viele Armbänder in allen Farben!". Fussel tanzt um sie herum: „Ich auch! Ich auch! Für beide Arme!"

Flechten

Fensterhänger

Wenn du dieses „Windspiel" ins offene Fenster oder vielleicht an deine Deckenlampe hängst, dann bewegen sich die bunten Stränge. Ein tolles Geschenk für kleine und große Leute!

Das brauchst du:

- Ast, 20–30 cm lang
- Wollfäden in Gelb, Orange, Pink und Rot
- dicke Holzperlen in Gelb, Orange, Pink und Rot
- Schere

Flechten

So geht's:

1 Knote rechts und links an den Ast die Enden eines langen Fadens.

2 Schneide für jeden Zopf drei Fäden in drei verschiedenen Farben ab, so lang, wie du groß bist. Lege die Fäden zu je drei zusammen so über den Ast, dass die Enden gleich lang herunterhängen, und verknote sie dicht unter dem Ast.

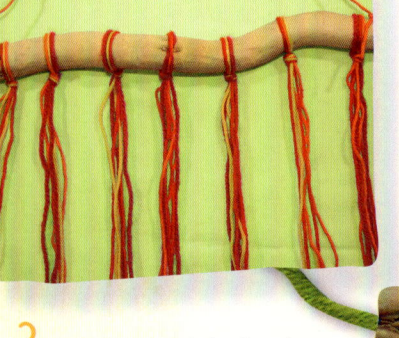

3 Knote so viele Fadenstränge an den Ast, wie du möchtest. Hier sind es sieben.

5 Nun kannst du Zöpfe flechten. Lege zuerst den linken Doppelfaden zwischen die beiden anderen.

4 Hänge den Ast auf, an eine Türklinke oder einen Kommodenknauf, und nimm dir jeden Strang einzeln vor: Teile ihn in drei Teile, immer die beiden gleichfarbigen Fäden zusammen.

7 Dann wieder den linken und so weiter, bis unten die Fäden nur noch fingerlang ungeflochten sind.

6 Dann den rechten.

8 Fädle auf den ganzen Fadenstrang oder auf einzelne Fäden Holzperlen und setze darunter immer einen dicken Knoten. So machst du es mit allen Strängen.

Fussel probiert schon einige Zeit mit seinen Wollfäden herum. „Jetzt hab ichs kapiert! Flechten ist ja gar nicht schwer!", ruft er. Frida freut sich mit ihm: „Siehst du, das hab ich dir doch gesagt. Und wie hübsch das aussieht!"

Flechten

Fröhliche Zopfmädchen

Wie du Zöpfe flechtest, ist beim Fensterhänger beschrieben.
Aber sicher kannst du das schon und deine Freundin auch.
Dann schenkt euch gegenseitig ein Gesicht mit eurer Haarfarbe.

Das brauchst du:

- Maxi-Bügelperlen
- große quadratische Steckplatte
- Backpapier
- Bügeleisen
- Teeschachtel
- Bastelkleber
- Wolle in Gelb und Schwarz
- Wollfäden in Rot und Blau
- Schere

Flechten

So geht's:

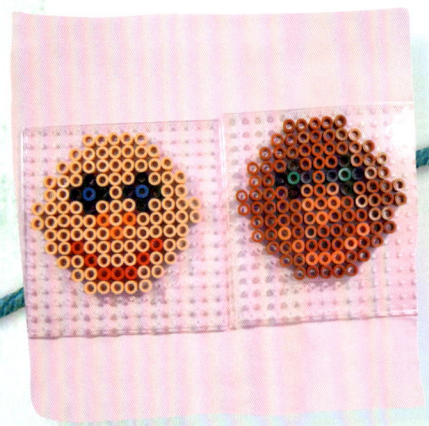

1 Setze mit den Bügelperlen ein Gesicht auf die Steckplatte. Lass es von einem Erwachsenen mit Backpapier von beiden Seiten festbügeln.

2 Such die passende Haarfarbe zu deinem Gesicht aus.

6 Die langen Fäden fädelst du an den Seiten so durch die Perlen, dass die Fadenenden gleich lang herunterhängen.

7 Bilde auf jeder Seite drei Stränge und flechte Zöpfe wie beim Fensterhänger auf Seite 40 und 41, Bild 5 bis 7, gezeigt. Am Ende bindest du sie mit einem farbigen Faden zu.

8 Zum Aufhängen knotest du oben in der Mitte einen Faden ein.

3 Für die kurzen Haare wickle die Wolle mehrmals um die Klebertube und schneide den Strang einmal auseinander.

4 Für die langen Haare wickelst du die Wolle quer um die Teeschachtel und schneidest auch diesen Strang einmal auseinander.

5 Fädle die kurzen Fäden am Oberkopf einzeln durch die Bügelperlen und verknote sie.

Frida und Fussel wollen einen neuen Fensterschmuck basteln. Sie schnappen sich Wolle und Bügelperlen. „Meins wird ein Mädchen", beschließt Frida. Fussel hat noch eine bessere Idee: „Meins wird ein Fussel!", verkündet er stolz.

Impressum

Entwurf und Realisation: Sybille Rogaczewski-Nogai
Illustrationen: Angela Glökler
Fotos: Uli Glasemann
Styling: Elke Reith
Arbeitsfotos: Sybille Rogaczewski-Nogai
Redaktion: Angelika Klein
Lektorat: Regina Sidabras
Gesamtgestaltung und Satz: GrafikwerkFreiburg
Reproduktion: RTK & SRS mediagroup GmbH
Druck und Verarbeitung: Neografia, Slowakei

ISBN 978-3-8410-6368-7
Art.-Nr. 6368

© 2015 Christophorus Verlag GmbH & Co. KG, Freiburg
Alle Rechte vorbehalten.

Alle gezeigten Modelle, Illustrationen und Fotos sind urheberrechtlich geschützt. Jede gewerbliche Nutzung ist untersagt. Dies gilt auch für eine Vervielfältigung bzw. Verbreitung über elektronische Medien. Autorin und Verlag haben alle Angaben und Anleitungen mit größtmöglicher Sorgfalt zusammengestellt. Dennoch kann bei Fehlern keinerlei Haftung für direkte oder indirekte Folgen übernommen werden. Der Verlag übernimmt keine Gewähr und keine Haftung für die Verfügbarkeit der gezeigten Materialien.

Hersteller

- Buttinette Textil-Versandhaus GmbH, Wertingen
  www.basteln-de/buttinette.com
- Prym Consumer GmbH, Stolberg
  www.prym-consumer.com
- Rayher Hobby GmbH, Laupheim
  www.rayher-hobby.de

Kreativ-Service

Sie haben Fragen zu den Büchern und Materialien? Frau Erika Noll ist für Sie da und berät Sie rund um alle Kreativthemen. Rufen Sie an! Wir interessieren uns auch für Ihre eigenen Ideen und Anregungen. Sie erreichen Frau Noll per E-Mail: mail@kreativ-service.info oder Tel.: +49 (0) 5052/91 18 58 Montag bis Donnerstag: 9–17 Uhr / Freitag: 9–13 Uhr

Besuchen Sie uns im Internet: **www.christophorus-verlag.de**